Julia Andreae

Wo wohnt der Papst?

Max entdeckt Rom

Illustrationen von Monika Zünd

ANNETTE BETZ

Heute ist ein wichtiger Tag für Max. Er sitzt nämlich zum ersten Mal in einem Flugzeug. Die Reise geht nach Rom.

»Das ist die Hauptstadt von Italien«, erklärt Papa, während Max aus dem Fenster schaut.

»Aha«, sagt Max.

»In Rom wohnt der Papst«, meint Mama.

Den Papst hatte Max schon im Fernsehen gesehen. Ganz in Weiß war er gekleidet gewesen und er hatte ein freundliches Gesicht.

»Der Papst ist das Oberhaupt der katholischen Kirche«, erklärt Papa noch.

Max beschließt, ein Bild für den Papst zu malen. Die Stewardess bringt ein paar Stifte und so macht er sich gleich ans Werk. Er gibt sich große Mühe.

Ich werde das Bild dem Papst schenken, wenn ich ihn treffe, denkt Max.

Die Fahrt ins Hotel ist ein richtiges Abenteuer. Mit dem Taxi geht es durch winzige Gassen und über riesige Straßen. Alle fahren kreuz und quer, hupen und rufen aus den Autos.

Max gefällt das. Ob hier irgendwo der Papst wohnt?

»Er lebt im Vatikan«, erklärt Papa.

Da möchte Max sofort hin! Aber seine Eltern möchten erst einmal einen Stadtbummel mit ihm machen.

TAXI
ROMA

Am Vormittag spazieren sie gemeinsam durch Rom. Sie sitzen am Rande des Trevi-Brunnens und Max bekommt ein großes Eis.
»Das ist das beste Eis der Welt!«, sagt er und schleckt genüsslich.
Dann werfen alle drei je eine Münze in den Brunnen. Das soll bedeuten, dass man wieder nach Rom zurückkehrt.

Zu Mittag isst Max die besten Spaghetti, die er je gegessen hat.
Und dann möchte er wissen, wie man eigentlich Papst wird.
Papa erklärt es ihm: »Eine Papstwahl ist eine streng geheime Sache. Wenn ein neuer Papst gewählt wird, kommen die Kardinäle aus aller Welt zusammen. Sie treffen sich alle in der Sixtinischen Kapelle und müssen dort so lange bleiben, bis sie einen von ihnen zum neuen Papst bestimmt haben. Dann steigt weißer Rauch aus dem Schornstein. Alle Menschen wissen dann, dass es einen neuen Papst gibt. Die Kapelle wirst du nachher sehen.«
Das klingt spannend! Wie gerne würde Max mal eine Papstwahl erleben!

Die Eltern marschieren mit Max durch Rom und sie fahren in wackeligen Bussen herum. In der Stadt gibt es unzählige Katzen. Das gefällt Max, denn er mag Katzen gerne. Sie schauen auch römische Ruinen an. Max versteht nicht, warum sie kaputte Sachen besichtigen. Aber Papa sagt, dass das alles bedeutende Plätze sind, so wie der Petersplatz.
»Auf dem Petersplatz steht auch das Haus, in dem der Papst wohnt. Und weil ja heute Sonntag ist, wird der Papst oben aus dem Fenster schauen und gemeinsam mit uns beten«, sagt Mama.
Nun kann Max es kaum noch erwarten, den Petersplatz zu sehen.

Auf dem Weg zum Petersplatz fällt Max wieder das Bild ein, das er im Flugzeug gemalt hat. Er weiß inzwischen auch, dass der jetzige Papst aus Deutschland kommt. Genau wie er! Nach seiner Wahl hat er den Namen Benedikt XVI. angenommen. Jeder Papst sucht sich einen neuen Namen aus. Meistens den eines Heiligen oder eines früheren Papstes.
»Ich möchte unbedingt, dass der Papst mein Bild bekommt. Ich habe es ja extra für ihn gemalt«, sagt Max.
»Mmh, ich glaube nicht, dass das so einfach sein wird«, meint Mama. »Aber wir können es natürlich versuchen.«

ROM

»Was bedeutet denn ›Papst‹ überhaupt?«, will Max nun wissen.
»Das kommt aus der lateinischen Sprache und bedeutet ›Vater‹«, sagt Papa. »Der Papst wird nämlich auch mit ›Heiliger Vater‹ angesprochen.«
»Aber der Vater von wem?«, fragt Max nun.
»Als Vertreter der katholischen Kirche ist er wie ein Vater für alle ihre Gläubigen da«, antwortet Papa. Das findet Max ganz logisch.

Max ist schon müde vom vielen Herumlaufen. Außerdem ist alles so aufregend, die vielen Geräusche und die vielen Menschen. Bei einem Souvenirstand bleiben sie stehen und Max bekommt ein Bild vom Heiligen Vater.
Dann setzen sie sich erschöpft auf eine Treppe. So eine Stadtbesichtigung ist ganz schön anstrengend!
»Ich muss doch dem Heiligen Vater noch mein Bild bringen!«, fällt es Max dann wieder ein.
Mama merkt, wie wichtig Max das ist. Also gehen sie weiter zum Petersplatz.

»Jetzt bist du im kleinsten Staat der Welt«, sagt Papa, als sie auf dem Petersplatz sind.
Vor ihnen steht der Petersdom – ein echter Weltmeister unter den Bauwerken! In ihm haben 60 000 Menschen Platz. Das kann sich Max kaum vorstellen.
Und dann auch noch der Petersplatz – Max kommt aus dem Staunen kaum heraus. So groß und prächtig ist er und voll von Menschen, wohin er nur schaut.
»Was machen denn die ganzen Leute hier?«, fragt er.
Und er hält Mamas Hand ganz fest, damit er nicht im Gedränge verschwindet.
»Sie warten alle auf den Papst«, antwortet Papa.

»Wo wohnt denn nun der Papst?«, will Max wissen.
Mama deutet auf ein Gebäude neben der Peterskirche.
»Da oben, bei diesen Fenstern«, sagt sie.
Max macht seinen Kopf ganz lang. Genau in diesem Augenblick tritt der Papst ans Fenster. Er hat ein edles Gewand an und hebt die Arme zum Segen. Dann betet er und zwischendurch singt er sogar ein bisschen. Max ist genauso beeindruckt wie die anderen Leute.
»Lebt er da ganz alleine?«, fragt Max.
»Aber nein«, sagt Mama. »Im Vatikan leben viele Priester und Kardinäle und natürlich auch das Hauspersonal, wie Köche und Kammerdiener.«
Es muss etwas ganz Besonderes sein, hier zu wohnen, denkt Max.

Papa geht mit Max in einen kleinen Laden, in dem man vatikanische Briefmarken kaufen kann. Max darf sich ein paar davon aussuchen. Sogar eigene Münzen gibt es im Vatikan. Plötzlich fällt Max wieder das Bild ein, das er für den Papst gemalt hat. Mama hat vorhin erzählt, dass der Papst manchmal mit seinem Auto durch Rom fährt. Man nennt es »Papamobil«. Ob sich dabei vielleicht noch die Gelegenheit ergibt, es ihm irgendwie zuzustecken? Aber so leicht, wie er sich das vorgestellt hat, ist es jedenfalls nicht.

Nun gehen Mama, Papa und Max aber erst einmal in den riesigen Petersdom.
Als Max an Mamas Hand unter der Kuppel steht, wird ihm ganz seltsam zumute, so schön ist es hier.
»Man könnte glauben, dass die Engel von draußen hereinleuchten«, meint Max ehrfürchtig.
Und im Stillen überlegt er, ob da oben vielleicht der liebe Gott wohnt.
»Ist das die größte Kirche der Welt?«, fragt er dann.
»Nicht ganz, aber fast«, sagt Papa. Und dann erzählt er noch, dass die Peterskirche nach dem ersten Papst, nämlich Petrus, benannt worden ist.

Am späten Nachmittag besucht Max mit seinen Eltern noch die Sixtinische Kapelle, in der immer die Papstwahl stattfindet. Hier gibt es viele wunderbare und sehr berühmte Gemälde. Da wird Max gleich noch einmal ganz feierlich zumute.

Vor der Peterskirche zeigt Papa Max den Balkon, auf dem sich ein neuer Papst der Welt zeigt, wenn er gewählt worden ist. Max schaut nach oben.
»Und von dort spendet der Heilige Vater dann auch den Segen ›Urbi et Orbi‹, das heißt, ›der Stadt und dem Erdkreis‹.«
Das findet Max schön, weil es bedeutet, dass der Papst alle in seine Gebete einschließt.

»Was sind denn das für Männer?«, fragt Max, als er sich umschaut.
Papa erklärt, dass diese Männer mit den bunten Uniformen die Schweizer Garde sind. Sie beschützen den Papst und bewachen den vatikanischen Palast. Die Schweizer wurden früher dazu auserwählt, weil sie berühmt für ihren Mut waren.«
Max schaut die Männer bewundernd an und auf einmal hat er eine Idee.

»Wenn die den Papst kennen, dann können sie ihm doch mein Bild bringen!«, schlägt Max vor.
»Ja, das könnten wir versuchen«, sagt Mama.
Also gehen sie zu einem der Schweizer Gardisten und Mama erzählt ihm, was Max sich wünscht.
Der Mann betrachtet lächelnd das Bild, auf dem der Papst, viele Kinder und weiße Tauben mit großen roten Herzen zu sehen sind.
»Du kannst sicher sein, dass der Heilige Vater dein Bild bekommen wird«, versichert er Max.

Abends liegt Max glücklich in seinem Bett. Er schaut aus dem Fenster, und der Vollmond schimmert draußen fast so schön wie die Kuppel vom Petersdom.
»So ein schöner Tag«, murmelt Max. »Vielleicht schaut sich der Papst ja gerade mein Bild an.«
Und im nächsten Augenblick ist er schon tief und fest eingeschlafen.

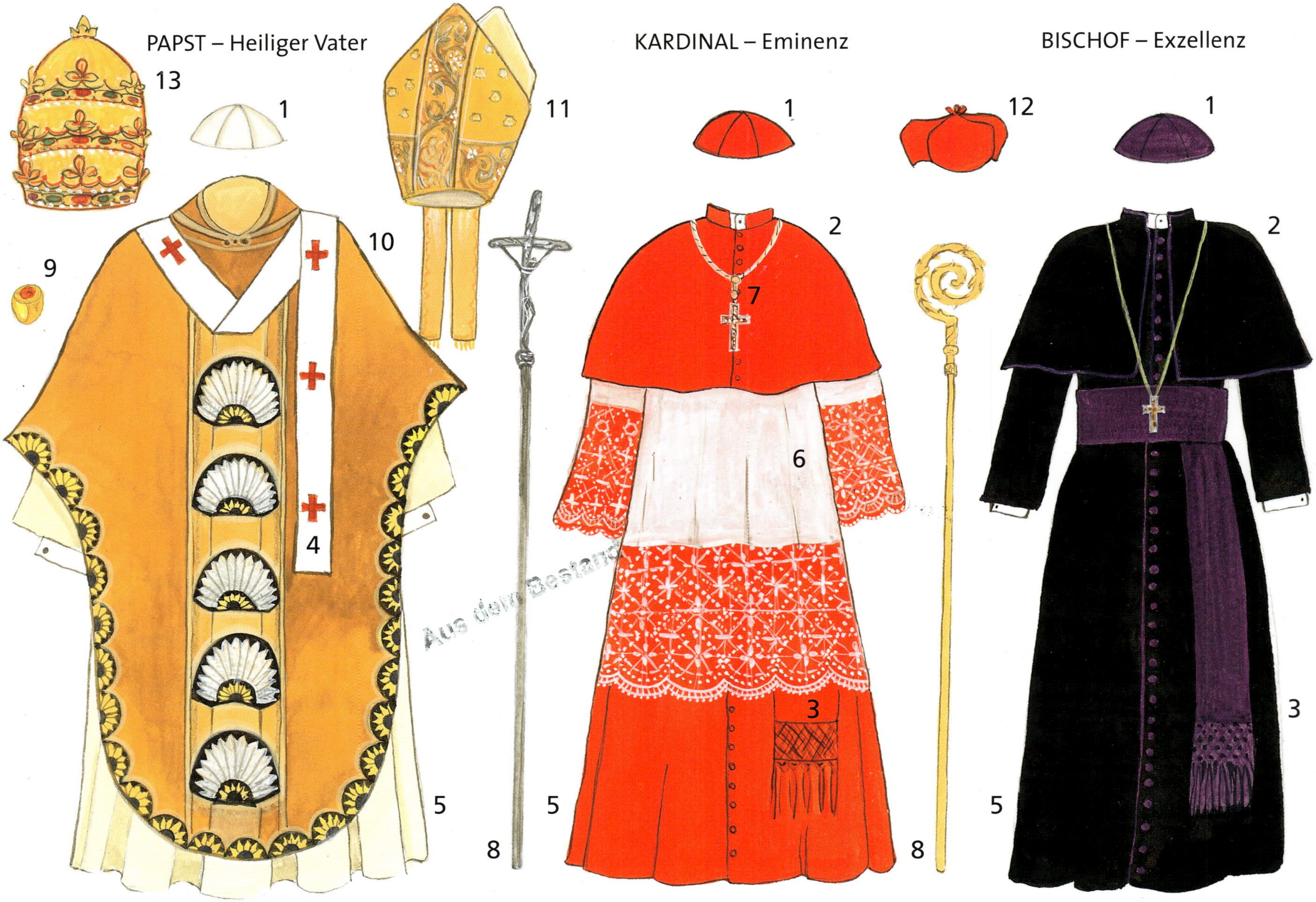

1	Pileolus	Scheitelkappe: beim Papst weiß, beim Kardinal rot, beim Bischof violett
2	Mozzetta	Schulterumhang
3	Zingulum	Gürtel: beim Papst weiß, beim Kardinal rot, beim Bischof violett
4	Pallium	Schulterband mit sechs Kreuzen
5	Soutane	langes Gewand
6	Rochett	weißes Chorhemd mit Spitzenbesatz
7	Pektorale	Brustkreuz
8	Bischofsstab	beim Papst ist er gerade mit einem Kreuz, beim Bischof ist er gekrümmt
9	Kardinalsring	symbolisiert die Treue zur Kirche
10	Kasel	liturgisches Gewand
11	Mitra	Bischofsmütze
12	Barett	Kopfbedeckung
13	Tiara	dreifache Krone, die heute aber nicht mehr in Gebrauch ist